D1696782

G. Poggenpohl

Reste kochen ohne Schnickschnack

„Man nehme, was man hat"

G. Poggenpohl

Reste kochen ohne Schnickschnack

„Man nehme, was man hat"

EDITION XXL

Vorwort

Wir leben in einer Überflussgesellschaft und kaufen oft viel zu viele Dinge, auch bei Lebensmitteln, ein. Manchmal ist es aber auch so, dass wir mit mehr Essern am Tisch rechnen, die dann doch nicht da sind. Der Sohn oder die Tochter essen unerwartet bei ihren Freunden oder sie haben ihr Taschengeld für Hamburger, Döner oder Süßigkeiten ausgegeben.

Oft kommt es auch vor, dass gerade nach einer Party, Geburtstagen und ähnlichen Anlässen noch viele Speisen übrig bleiben. Oder wir bekommen im Supermarkt zu groß abgepackte Lebensmittel. Für solche Situationen ist dieses Kochbuch gemacht. Aus dem, was noch da ist, einfach eine leckere, neue Mahlzeit zubereiten.

Ich kann Ihnen versichern, dass Sie Rezepte finden werden, die so gut sind, dass Sie in Zukunft gleich für die nächste Mahlzeit mit einkaufen.

In früheren Zeiten waren die Menschen oft gezwungen, vorausschauender und planvoller zu handeln, vor allem, wenn es um die Vorratshaltung ging. Heutzutage, wo wir alles frisch bekommen, sind viele der alten Rezepte über Resteverwertung verschwunden. Entdecken Sie diese wieder neu. Sie werden überrascht sein, wie lecker das sein kann.

Ihr G. Poggenpohl

Inhalt

Ratgeber	*11*
Wurstreste	*15*
Brotreste	*21*
Gemüsereste	*29*
Fischreste	*43*
Nudelreste	*47*
Reisreste	*55*
Kartoffelreste	*59*
Knödelreste	*67*
Bratenreste	*73*
Geflügelreste	*81*

Ratgeber

Was sind eigentlich Reste?

Unter Resten verstehe ich das, was von einem Essen übrig bleibt, oder auch etwas, das wir zu viel eingekauft haben oder das bei der Zubereitung nicht benötigt wird, aber zu schade ist, um weggeworfen zu werden.

Zu den Resten gehört nicht, was eigentlich in den Mülleimer kommt. Also alles, was irgendwie verdorben ist. Schimmel- und Fäulnisbakterien sitzen oft tiefer in den Lebensmitteln, als wir denken.

Auch beim Putzen von Gemüse fallen oft Reste an, die Sie noch verwenden können. Zum Beispiel lassen sich bei Spargel die Schalen und die Enden sehr gut zu einer leckeren Spargelcremesuppe weiterverarbeiten. Das Gleiche gilt für Kohlrabi. Die Schalen und die holzigen Teile werden mit Wasser bedeckt ca. 30 Minuten gekocht. Der so entstandene Sud, in dem auch noch sehr viele Vitamine enthalten sind, kann für eine Kohlrabicremesuppe verwendet werden.

Hier ein Rezept für einen Gemüsesud, den Sie aus verschiedenem Gemüse wie beispielsweise Kohlblättern oder Kohlresten, Wirsing, Lauch oder Sellerie zubereiten können. Die Reste werden grob zerkleinert und mit Wasser bedeckt ca. 30 Minuten gekocht. Dann das Gemüse abschütten und den Sud auffangen. Da fast alle Vitamine im Gemüse unter der Schale sitzen beziehungsweise sich in den äußeren Blättern befinden, ist es sehr sinnvoll, diese Reste weiterzuverwenden. Die Vitamine im Gemüse sind wasserlöslich und befinden sich nach dem Kochen im Gemüsesud.

Als vor einigen Jahren Champignons noch recht teuer waren, wurden diese Pilze fast immer zuerst gekocht. Aus dem entstandenen Sud wurde eine Champignoncremesuppe gemacht. Erst dann wurden die Pilze weiterverarbeitet. Reste fallen aber auch an, wenn wir frisches Geflügel zerlegen oder größere Fleischstücke mit Knochen haben. Mit etwas Gemüse und ein paar Gewürzen lassen sich daraus tolle Fleischbrühen herstellen.

Zutaten für eine Gemüsesuppe:

500 ml Gemüsesud, 400 ml Milch, 100 ml süße Sahne, 1 Eigelb, 200 g gekochtes, in Stücke geschnittenes Gemüse, 2 Esslöffel gemischte Kräuter, Salz, Pfeffer, Muskat

Den Gemüsesud aufkochen, das Eigelb mit der Sahne verrühren. Die Sahne und die Milch in den Gemüsesud einrühren, die Kräuter und die Gemüsestücke zugeben und alles mit Salz, Muskat und Pfeffer abschmecken.

Zutaten für eine Gemüsesoße:

20 g Butter, 20 g Mehl, 400 ml Gemüsesud, Salz, Pfeffer

Die Butter in einem Topf schmelzen, das Mehl darüber stäuben und anschwitzen. Den Gemüsesud unter Rühren zugeben, aufkochen und mit Salz und Pfeffer abschmecken.

Durch das jeweils verwendete Gemüse erhält jede Soße einen sehr eigenständigen Geschmack.

Ratgeber

Wenn etwas übrig bleibt!

Oft ist es so, dass nicht alles aufgegessen wird und dann fragen wir uns, reicht das noch für eine Mahlzeit für zwei oder sogar für mehr Personen? Sie haben zum Beispiel Pfannkuchen gemacht und jetzt sind noch drei der Fladen übrig. Dann machen Sie eine kräftige Suppe, schneiden die Pfannkuchen in Streifen und schon werden sie zu einer sättigenden Einlage. Viele Speisereste lassen sich mit etwas Fantasie zu anderen leckeren Gerichten verarbeiten.

Ein wenig Vorratshaltung ist allerdings nötig.
Um nicht immer wieder einkaufen zu müssen, sollten Sie einen Grundvorrat an Lebensmitteln und Zutaten im Hause haben. Hier eine kleine Aufzählung!
Gewürze: Zucker, Salz, Pfeffer, Paprikapulver (scharf und edelsüß), Currypulver, Chilipulver, Muskat, Lorbeerblätter, Nelken, Worcestersoße, Sambal Oelek.
Kräuter: Majoran, Thymian, Petersilie, Schnittlauch (gibt es getrocknet, aber auch frisch in der Tiefkühltruhe). Zwiebeln und Knoblauch gehören grundsätzlich in Ihren Vorratsschrank.
Halbfertige Produkte: Tomatenmark, pürierte Tomaten, verschiedene gekörnte Brühen, getrocknete Pilze, Champignons in Dosen, Spargel in Gläsern, Dosen mit verschiedenen Früchten. Auch sollten Sie einen Vorrat an Milch, süßer und saurer Sahne sowie Crème fraîche haben.

Die Lagerung

Essensreste sollten Sie immer in ein passendes Gefäß umfüllen, mit Frischhaltefolie verschließen und im Kühlschrank aufbewahren. Denn fertig gegarte Lebensmittel nehmen schnell den Geruch und den Geschmack von anderen Lebensmitteln an. Essensreste sind zum alsbaldigen Verbrauch bestimmt, also spätestens am nächsten Mittag. Wenn Sie mehr übrig behalten haben, sollten Sie die Speisen einfrieren.

13

Zutaten für 2 Personen:

verschiedene Wurstreste
1 Tomate
1 Zwiebel
1 Knoblauchzehe
Käsereste
Schnittlauch
2 EL Olivenöl
1 EL Balsamicoessig
1 Prise Zucker
1 TL mittelscharfer Senf
Salz, Pfeffer

Oft ist es so, dass nach einem langen Wochenende oder wenn der Besuch gegangen ist, noch eine Menge Frischwurst im Kühlschrank liegt. Was tun damit? Hier ein Rezept für einen leckeren Wurstsalat, der mit frischen Salatstreifen besonders gut schmeckt.

Zubereitung:

1. Die Wurst in Streifen schneiden. Die Tomate waschen, halbieren, den Stielansatz entfernen und die Tomate in Spalten schneiden. Die Zwiebel abpellen und mit einem Gemüsehobel in feine Scheiben schneiden. Den Schnittlauch waschen und in Röllchen schneiden. Die Käsereste grob hobeln. Den Knoblauch abpellen und in feine Scheiben schneiden.

2. Das Öl in einer Pfanne erhitzen, die Knoblauchscheiben darin ausbacken. Den Knoblauch aus der Pfanne nehmen und den Zucker einrühren. So lange rühren, bis dieser geschmolzen ist. Die Pfanne vom Herd nehmen, etwas auskühlen lassen, den Essig und den Senf einrühren und mit Salz und Pfeffer abschmecken.

3. Die Wurststreifen auf Tellern anrichten, die Tomaten und die Zwiebelringe darüber geben. Mit dem Käse, dem Schnittlauch und den gebackenen Knoblauchscheiben bestreuen. Zum Schluss die Marinade über den Wurstsalat träufeln.

Wurstsalat

Zutaten für 2 Personen:

Frischwurstaufschnitt
3 eingelegte saure Gurken
1 Paprikaschote
2 Zwiebeln
100 ml passierte Tomaten
100 ml Gurkenwasser
1 EL Öl
2 EL Crème fraîche
1 Zitrone
Zucker
Salz, Pfeffer

Das klassische Restegericht, hier mit Frischwurstaufschnitt hergestellt. Sie können aber genauso Wienerwürstchen, Bockwurst oder Ähnliches verwenden. Die Grundzutaten sind immer gleich. Man kann mit Soljanka sehr kreativ sein, versuchen Sie es doch mal mit Pilzen oder Karotten.

Zubereitung:

1. Die Zwiebeln abschälen und in Scheiben schneiden. Die Wurst in Streifen schneiden. Die Paprikaschote waschen, halbieren, das Kerngehäuse entfernen und das Fruchtfleisch klein schneiden. Die Gurken zuerst in Scheiben und dann in Streifen schneiden.

2. Das Öl in einem Topf erhitzen und die Zwiebeln darin andünsten. Die Wurststreifen, die Paprikaschote und die Gurken zugeben, ebenfalls mit anbraten. Mit den passierten Tomaten und dem Gurkenwasser auffüllen. Alles ca. 15 Minuten bei mäßiger Hitze köcheln lassen. Sollte die Soljanka zu dick sein, mit Wasser auffüllen.

3. Das Ganze mit Zucker, Salz und Pfeffer abschmecken. Die Soljanka mit Crème fraîche und Zitronenscheiben servieren.

Soljanka

Zutaten für 2 Personen:

500 g Kartoffeln
1 EL Butter
150 g Mehl
1 Ei

Für den Belag:
1 Becher Crème fraîche
Wurstreste
Tomaten
Mozzarella oder anderer Käse
gemischte Kräuter
Salz, Pfeffer
Muskat

Hier ein Rezept, das aus sehr vielen Resten bestehen kann. Alles, was Sie im Kühlschrank finden, können Sie für diese Pizza verwenden. Die Kartoffeln, die für den Pizzateig gebraucht werden, können gekocht schon vom Vortag sein. Ich habe die Kartoffelpizza auch schon aus Resten von Kartoffelpüree gemacht.

Zubereitung:

1. Die geschälten Kartoffeln in reichlich Salzwasser gar kochen. Dann abschütten, durch eine Presse drücken und abkühlen lassen. Die Butter schmelzen, mit dem Mehl und dem Ei unter die Kartoffeln mischen, sodass ein fester, formbarer Teig entsteht. Mit Salz, Pfeffer und Muskat abschmecken. Den Teig ausrollen und auf ein Backblech geben.

2. Die Kräuter abbrausen, ausschütteln und klein hacken. Den Mozzarella in Scheiben schneiden. Die Tomaten waschen und in Scheiben schneiden. Die Wurst zerkleinern.

3. Die Crème fraîche auf den Teig streichen, die Wurst, die Tomaten, den Mozzarella und die Kräuter auf dem Teig verteilen. Die Pizza mit Salz und Pfeffer würzen.

4. Die belegte Pizza im vorgeheizten Backofen bei 180° C ca. 30 Minuten backen.

Kartoffelpizza

Zutaten für 2 Personen:

250 g trockenes Weißbrot
400 ml Milch
200 g getrocknete Früchte (z. B. Aprikosen, Pflaumen, Rosinen)
60 g Butter
1 EL Zucker
3 Eier
1 EL Mehl
Schale einer Zitrone oder Zitronenback
1 Prise Salz
100 g gemahlene Mandeln
2 EL Puderzucker
Butter zum Ausfetten
Zucker zum Bestreuen

Wenn Freunde zu Besuch kommen, wird immer gerne gegessen und aufgetischt. Häufig ist es aber so, dass man nicht so recht abschätzen kann, wie viel Weißbrot oder Brötchen man braucht. Am Ende bleibt oft sehr viel Brot übrig, das meistens dann auch noch geschnitten ist. Lassen Sie es bis zum nächsten oder übernächsten Tag trocknen und probieren Sie folgendes Rezept.

Zubereitung:

1. Die Milch erhitzen, das Brot grob würfeln, die Früchte, wenn nötig, zerkleinern und mit der Milch übergießen.

2. Die Eier trennen und jeweils in eine Schüssel geben. Die Eigelbe mit der Butter und dem Zucker schaumig rühren. Dann das Mehl, die gemahlenen Mandeln, den Puderzucker, die Früchte, die Zitronenschale und die Weißbrotwürfel unter die Eiercreme heben.

3. Das Eiweiß mit dem Salz steif schlagen und unter die Masse ziehen.

4. Eine Auflaufform ausbuttern und die Masse einfüllen. Das Ganze mit Zucker bestreuen und im vorgeheizten Backofen bei 180° C ca. 20 Minuten backen.

Süßer Weißbrotauflauf

Zutaten für 2 Personen:

- ca. 250 g trockenes Brot
- ca. 1 l Fleischbrühe
- 1 Zwiebel
- 1–2 EL Schmalz
- ca. 1 EL Meerrettich
- 1 Lorbeerblatt
- ca. 1–2 TL Salz
- Petersilie
- Salz
- Pfeffer
- Muskat

Brotsuppen waren in früheren Zeiten fester Bestandteil des Speiseplans. Da nur in größeren Abständen Brot gebacken wurde, gab es auch immer wieder hartes, trockenes Brot. Kein Mensch wäre auf die Idee gekommen, solches Brot wegzuwerfen. Bei diesem Rezept können Sie sehr gut altes Roggenmischbrot verwenden. Auch trockene Vollkornbrötchen schmecken in dieser Suppe sehr gut.

Zubereitung:

1. Die Zwiebel schälen und in feine Scheiben schneiden. Das Brot in grobe Würfel schneiden.

2. Das Schmalz in einem Topf erhitzen, die Zwiebel darin glasig anschwitzen. Mit der Brühe aufgießen. Die Brotwürfel, den Meerrettich und das Lorbeerblatt in die Brühe geben. Bei gelegentlichem Umrühren ca. 30 Minuten köcheln.

3. Das Lorbeerblatt herausnehmen, mit einem Schneebesen die Suppe kräftig zerschlagen oder mit einem Stabmixer pürieren. Nach belieben klein geschnittene Petersilie unterrühren. Die Suppe mit Salz, Pfeffer und Muskat abschmecken und mit einigen gerösteten Brotwürfeln servieren.

Herzhafte Brotsuppe

Zutaten für 2 Personen:

250 g trockenes Weißbrot
100 g Trockenobst oder
2 Äpfel
500 ml Wasser
1 Zitrone oder Zitronenaroma
2 Nelken
Salz
Zimt
Zucker
Weißwein

Früher ein Gericht für arme Leute, in der heutigen Zeit ein Gaumenschmaus! Sie können diese Brotsuppe mit getrockneten, aber auch mit frischen Früchten herstellen. Als Brot eignen sich alle Arten von Weißbrot.

Zubereitung:

1. Das Brot in Würfel schneiden, das Trockenobst grob zerkleinern.

2. Das Brot, das Trockenobst und die Nelken mit dem Wasser in einen geeigneten Topf geben. Eine Prise Salz und je nach Obst 1–2 EL Zucker unterrühren und alles ca. 20 Minuten kochen.

3. Die Suppe mit einem Stabmixer grob pürieren. Von der Zitrone die Schale in die Suppe reiben. Die Suppe mit Zimt, Zitronensaft und Zucker abschmecken.

4. Dann durch ein grobes Sieb streichen oder im Mixer nochmals fein pürieren. Die Suppe erneut erhitzen, mit Weißwein und Zitronensaft abschmecken und mit einer Einlage von in Butter gedünsteten Apfelstückchen oder Pflaumenhälften, mit Zucker und Zimt bestreut, anrichten.

5. Wenn Sie es noch fruchtiger mögen, dann schneiden Sie frische Apfelstücke kurz vor dem Servieren in die Suppe.

Brotsuppe mit Früchten

Zutaten für 2 Personen:

400 g trockenes Weißbrot oder
1 großes Ciabattabrot (1–2 Tage alt)
3 EL Olivenöl
200 g getrocknete, in Öl eingelegte Tomaten
2 Tomaten
100 g geriebener Käse
200 ml süße Sahne
2 Eier
3 Knoblauchzehen
Pfeffer
Salz
Butter zum Ausfetten

Dieses Restegericht stammt aus Italien und ist so lecker, dass es sich lohnt, vorsätzlich Weißbrot trocken werden zu lassen. Besonders gut schmeckt es mit einem Bund frischer Kräuter. Die im Rezept verwendeten getrockneten Tomaten bekommen Sie im Supermarkt.

Zubereitung:

1. Die Knoblauchzehen abpellen und grob hacken. Die Tomaten waschen und in Scheiben schneiden. Das Brot in Scheiben und dann in 2 cm große Würfel schneiden. Die Sahne mit den Eiern verrühren und mit Salz und Pfeffer würzen.

2. Das Öl in einer Pfanne erhitzen, den Knoblauch und das Brot darin rösten, bis es angebräunt ist.

3. Eine Auflaufform ausbuttern und einen Teil des Brotes in einer Schicht hineingeben. Getrocknete Tomaten darauf geben, dann ein paar frische Tomaten, etwas Käse darüber streuen. Dann die nächste Schicht usw. Zum Schluss die Sahne darüber gießen und den restlichen Käse darüber streuen.

4. Im vorgeheizten Backofen bei 180° C ca. 20 Minuten backen.

Herzhafter Weißbrotauflauf

Zutaten für 2 Personen:

200–300 g gegarter Rosenkohl oder anderes Gemüse
200 g Kartoffeln
750 ml Hühnerbrühe
100 ml süße Sahne
Muskat
Salz
Pfeffer

In den meisten Supermärkten bekommt man Rosenkohl abgepackt in einem Netz. Also kauft man je nach Familiengröße mehrere Netze. Meistens bleibt dann doch noch ein Teil davon übrig. Machen Sie doch daraus eine leckere Rosenkohlsuppe. Diese Suppe können Sie auch aus Resten von Blumenkohl, Lauch, Zucchini, Brokkoli, Schmorgurken, Kürbis usw. machen.

Zubereitung:

1. Die Kartoffeln schälen, grob zerkleinern und in Salzwasser gar kochen. Sollten Sie schon fertig gekochte Kartoffeln haben, geben Sie diese wie unten beschrieben in den Mixer.

2. Die Hühnerbrühe erhitzen. Ein paar schöne Rosenkohlröschen beiseite stellen.

3. Wenn die Kartoffeln gar sind, mit dem Rosenkohl in einen Mixer geben. Die Hühnerbrühe und die Sahne zugeben und alles zu einer mäßig dicken Suppe pürieren.

4. Die Suppe nochmals erhitzen, mit Muskat, Salz und Pfeffer abschmecken. Auf Tellern anrichten und mit den Röschen dekorieren.

5. Besonders gut schmeckt die Suppe mit gerösteten Speckwürfeln.

Gemüsecremesuppe

Zutaten für 2 Personen:

Spargelschalen und -enden
750 ml Wasser
2 EL Butter
2 EL Mehl
200 ml süße Sahne
Zucker
Salz
Pfeffer

Spargel ist ein teures Gemüse, was liegt näher, als das Optimale aus ihm herauszuholen. Der weiße Spargel wird vor dem Garen dünn geschält und die holzigen Enden werden ca. 1 cm lang abgeschnitten. Aus diesen Abschnitten und den Schalen lässt sich eine leckere Suppe zubereiten. Verwenden Sie für diese Suppe aber auch das Kochwasser, in dem Sie den geschälten Spargel gekocht haben.

Zubereitung:

1. Die Spargelreste im Salzwasser ca. 20 Minuten kochen. Dann den Spargelsud durch ein Sieb in einen anderen Topf gießen.

2. In einem Suppentopf die Butter schmelzen, das Mehl zugeben und unter ständigem Rühren hell anschwitzen. Mit dem Spargelsud ablöschen, die Suppe kurz aufkochen lassen.

3. Die Sahne mit einem Schneebesen in die Suppe einrühren und diese mit Zucker, Salz und Pfeffer abschmecken.

4. Wenn Sie die Suppe für mehr als zwei Personen machen, dann verwenden Sie zusätzlich das Kochwasser der Spargelstangen und erhöhen die Menge von Butter und Mehl um jeweils 1 Esslöffel.

Spargelcremesuppe

Zutaten für 2 Personen:

300 g gegarter Blumenkohl
4 Kartoffeln
Für die Soße:
3 EL Butter, 3 EL Mehl
150 ml Milch
2 EL Schinkenwürfel
2 EL gehackte Petersilie
150 g geriebener Emmentaler
1 EL Macis (Muskatblüte) oder
1 TL geriebener Muskat
Salz, Pfeffer
Butter zum Ausfetten

Blumenkohl ist ein sehr beliebtes Gemüse, aber bei den großen Köpfen bleibt oft noch viel gekochter Blumenkohl übrig. Dieser gegarte Blumenkohl eignet sich hervorragend für einen Blumenkohl-Auflauf. Eine besondere Note bekommt dieser Auflauf, wenn Sie Macis als Gewürz verwenden.

Zubereitung:

1. Die Kartoffeln waschen und zum Kochen aufsetzen. Auch hier können Sie gegarte Kartoffeln verwenden. Kartoffeln pellen und in Scheiben schneiden.

2. In einem Topf die Butter zerlassen, das Mehl einrühren und eine helle Mehlschwitze herstellen. Unter ständigem Rühren die Milch langsam angießen und alles so verrühren, dass keine Klümpchen entstehen.

3. Die Soße mit dem Macis, Salz und Pfeffer abschmecken. Zum Schluss die Schinkenwürfel und die Petersilie einrühren.

4. Eine Auflaufform mit Butter ausfetten. Den Boden der Auflaufform gut mit Kartoffelscheiben auslegen, mit Käse bestreuen, die Blumenkohlröschen darauf legen, wiederum etwas Käse darüber streuen und das Ganze mit der Soße übergießen. Die letzte Schicht bildet etwas geriebener Käse.

5. Den Backofen auf 180° C vorheizen und den Auflauf ca. 20 Minuten backen.

Überbackener Blumenkohl

Zutaten für 2 Personen:

100 g Wurstreste
200 g geriebener Edamer
Die Wurst in Streifen schneiden und mit dem geriebenen Käse vermischen.
1 Packung Blätterteig (250 g)
1 Ei zum Bestreichen

Gemüse-Zutaten für 2 Personen:
300 g gegartes Gemüse
200 g Frischkäse
½ Bund Dill
Salz, Pfeffer

Früchte-Zutaten für 2 Personen:
300 g frische Früchte oder aus der Dose (Bananen, Äpfel, Birnen, Kirschen, Pfirsiche, Mandarinen usw.)
200 g Quark, 2 EL Zucker
1 Päckchen Vanillezucker

Mit Blätterteig können Sie auf einfache Art und Weise Reste lecker und schmackhaft verarbeiten. In den Blätterteigtaschen lassen sich sowohl Früchte, Wurstreste, Gemüse, Fleisch, Fisch und viele andere Sachen verpacken. Hier ein paar Vorschläge für köstliche Blätterteigtaschen.

Zubereitung:

1. Die Früchte abtropfen lassen und in kleine Würfel schneiden. Den Quark in eine Schüssel geben, mit dem Zucker und dem Vanillezucker verrühren, die klein geschnittenen Früchte darunter heben.

2. Den Blätterteig ausrollen und mit einem Messer in ca. 15 cm große Quadrate schneiden. Die Teigränder mit Wasser bestreichen, jeweils 1 EL Fülle auf die Quadrate setzen, diese diagonal zusammenklappen, die Ränder festdrücken und die Taschen mit dem verquirlten Ei bestreichen.

3. Im vorgeheizten Backofen bei 180° C ca. 15 Minuten backen.

Blätterteigtaschen

Zutaten für 4 Personen:

Pilzreste
250 g Mehl
500 ml Milch
3 Eier
Frühlingszwiebeln
Fett zum Ausbacken
Salz
Pfeffer

Der Herbst bringt oft eine reiche Pilzernte. Wenn Pilze in solchen Mengen vorhanden sind, müssen sie schnell verarbeitet werden. Es gibt sehr viele leckere Pilzgerichte, egal, welches Sie bevorzugen, meistens bleibt eine größere Menge gekochter, fertig abgeschmeckter Pilze übrig. Jetzt werden Sie sagen: Aber Pilze soll man aufgewärmt nicht mehr essen. Das stimmt nicht, wenn Sie das übrig gebliebene Pilzgericht nach dem Abkühlen sofort in den Kühlschrank stellen und vor der Wiederverwendung einmal durcherhitzen. Dann können Sie die Pilze bedenkenlos essen.

Zubereitung:

1. Das Mehl, die Milch, die Eier, Salz und Pfeffer in einer Schüssel mit dem Handrührgerät zu einem glatten Teig verrühren und im Kühlschrank zugedeckt etwas quellen lassen.

2. Die Frühlingszwiebeln abbrausen, putzen und in feine Ringe schneiden.

3. In einer Pfanne etwas Fett erhitzen. Die Frühlingszwiebeln in den Teig geben, durchrühren und etwas Teig in die Pfanne geben. Die Pfanne schwenken, damit sich der Teig gleichmäßig verteilen kann. Wenn die Unterseite leicht braun ist, den Pfannkuchen wenden und die andere Seite bräunen lassen. Die übrigen Pfannkuchen ebenso zubereiten.

4. Die Pfannkuchen auf Tellern anrichten, auf jeweils eine Hälfte der Pfannkuchen die erhitzten Pilzreste verteilen und die andere Hälfte darüber klappen.

Pfannkuchen mit Pilzen

37

Zutaten für 4 Personen:

Für den Teig:
150 g Mehl
100 g Margarine oder Butter
¼ TL Salz
1 Eigelb
etwas Butter zum Ausfetten

Für die Füllung:
300 g Bratenreste
300 g Gemüse (Tomaten, Paprikaschoten, Zwiebeln, Lauch usw.)
200 g Crème fraîche
eventuell frische Kräuter (Majoran, Thymian, Petersilie, Schnittlauch usw.)
3 Eier, Pfeffer, Salz, Muskat

Quiche Lorraine ist wohl das bekannteste französische Quiche-Rezept. In Frankreich ist Quiche ein typisches Montags-Rezept. In einer Quiche werden gerne die Reste vom Sonntagsbraten und die Reste angeschnittenen Gemüses vom Wochenende verarbeitet. Eine gute Möglichkeit, Reste zu verwerten, egal, ob vom Braten, Geflügel, Aufschnitt, Gemüse oder Käse. Man benötigt keine spezielle Quicheform, nehmen Sie einfach eine Springform.

Zubereitung:

1. Aus dem Mehl, dem Fett, dem Salz und dem Eigelb einen Mürbeteig kneten. Den Teig ca. 30 Minuten zugedeckt an einem kühlen Ort ruhen lassen.

2. In der Zwischenzeit die Bratenreste in kleine Stücke schneiden. Das Gemüse waschen, putzen und in Streifen oder Würfel schneiden.

3. Die Crème fraîche in eine Schüssel geben, die Eier unterrühren, das Gemüse, Bratenreste und die Kräuter hinzufügen und mit Muskat, Pfeffer und Salz abschmecken.

4. Eine Spring- oder Quicheform mit Butter auspinseln. Den Teig auf einer bemehlten Arbeitsfläche ausrollen und die Form damit auskleiden. Dabei einen kleinen Rand mit Teig hochziehen. Den Boden mit einer Gabel mehrmals einstechen. Die Crème-fraîche-Masse in die Form schütten. Den Ofen auf 200° C vorheizen und die Quiche auf mittlerer Schiene ca. 50 Minuten hellbraun backen.

5. Die Quiche kann heiß, aber auch kalt gegessen werden.

Gemüsequiche

Zutaten für 2 Personen:

400 g gegartes Gemüse (z. B. Karotten, Sellerie, Zucchini, Erbsen)
200 g gekochte Kartoffeln
50 g Mehl
2 Eier
2 EL Sonnenblumenöl
Salz, Pfeffer
eventuell frische Kräuter
(z. B. Petersilie, Dill, Liebstöckel)

Aus Gemüse- und Kartoffelresten lassen sich auf einfache Art und Weise Gemüselaibchen herstellen. Besonders gut schmecken sie mit frisch gehackten, in die Masse eingearbeiteten Kräutern. Wenn Sie Vollkornmehl zur Hand haben, sollten Sie dieses verwenden.

Zubereitung:

1. Die gekochten Kartoffeln und das Gemüse in einer Küchenmaschine zerkleinern.

2. Das Mehl und die Eier dazugeben und alles gut vermengen. Die Masse mit Salz und Pfeffer würzen. Abgerundet wird der Geschmack mit frischen Kräutern, die Sie darunter mischen.

3. Das Öl in einer Pfanne erhitzen. Aus der Kartoffel-Gemüse-Masse mit der Hand Laibchen formen. Diese dann in die Pfanne setzen und sehr langsam, bei schwacher Hitze, zuerst auf einer Seite ca. 5 Minuten braten, dann wenden und auf der zweiten Seite weitere 5 Minuten braten.

Gemüselaibchen

Zutaten für 2 Personen:

200–300 g gegarter Fisch
1 Kopfsalat
2 Eier
1 rohes Eigelb
1 EL Senf
½ Bund Frühlingszwiebeln
etwas Weißwein
Essig
Öl
Zucker, Salz, Pfeffer

Gerade bei Gerichten mit größeren Fischen, z. B. Lachs, Karpfen, Hecht oder Zander, bleibt oft noch einiges an Fischfleisch übrig. Diesen Fischsalat kann man sowohl aus gekochtem, gebratenem als auch geräuchertem Fisch machen.

Zubereitung:

1. Das Fischfleisch von den Gräten und der Haut befreien. Das Fleisch in 2 cm große Stücke teilen und mit Salz, Pfeffer, Öl und Essig mischen. Zugedeckt eine Stunde in den Kühlschrank stellen.

2. Die Frühlingszwiebeln putzen, waschen und in Ringe schneiden. Die Eier ca. 10 Minuten kochen.

3. Aus den hart gekochten Eiern das Eigelb auslösen und in einer Schüssel mit einer Gabel zerdrücken. Das rohe Eigelb hinzufügen und alles unter Zugabe von Öl schaumig rühren. Mit Senf, Essig, Salz und Pfeffer abschmecken und die Frühlingszwiebeln dazugeben.

4. Den Kopfsalat waschen, trockenschütteln und in fingerbreite Streifen schneiden.

5. In einer Schüssel schichtweise Kopfsalat, Fischstückchen und Soße einfüllen. Den Vorgang wiederholen. Die restliche Soße über den geschichteten Salat geben.

6. Das Eiweiß von den hart gekochten Eiern klein hacken, über den Salat streuen.

Fischsalat

43

Zutaten für 2 Personen:

Lachsreste
etwas Butter
1 EL Mehl
100 ml Milch
50 ml süße Sahne
150 ml Brühe
2 EL Dill (frisch oder aus der Tiefkühltruhe)
150 g Nudeln
Salz
Pfeffer

Seit es die großen Lachsfarmen vor den norwegischen Fjorden gibt, zählt der Lachs nicht mehr zu den Luxusfischen. Lachs ist ein sehr gesunder Fisch und seine Omega-Fettsäuren sind für uns Menschen ein wahrer Jungbrunnen. Auf der anderen Seite ist Lachs ein großer Fisch und egal, welches Lachsgericht Sie zubereiten, oft bleiben doch erhebliche Lachsreste übrig. Für das nachfolgende Rezept können Sie sowohl gebratene als auch gekochte oder gebeizte Lachsreste verwenden.

Zubereitung:

1. Die Nudeln nach Packungsanweisung kochen. Wenn sie gar sind, abschütten und ohne abzuschrecken mit der Soße servieren.

2. Den Lachs gegebenenfalls von Gräten befreien und in mundgerechte Stücke reißen.

3. Die Butter in einem Topf schmelzen, das Mehl darüber stäuben und unter Rühren die Milch dazugießen.

4. Die Sahne und die Brühe unterrühren, den Dill einstreuen und das Ganze mit Salz und Pfeffer abschmecken. Den zerkleinerten Lachs in die Soße geben.

5. Die Nudeln auf Tellern anrichten, die Soße darüber geben und servieren.

Nudeln mit Lachssoße

45

Zutaten für 2 Personen:

300 g gekochte Nudeln
50 g Ingwer
200 g Mischgemüse aus der Tiefkühltruhe
2 Knoblauchzehen
2 EL getrocknete Pilze
2 EL Öl
Salz
Pfeffer oder Cayennepfeffer
Sojasoße

Gebratene Nudeln sind etwas Feines, das hat die asiatische Küche uns vorgemacht. Viel braucht es dafür nicht: Ingwer, Knoblauch, Gemüse, Frühlingszwiebeln, getrocknete Pilze und etwas Sojasoße. Natürlich schmecken gebratene Nudeln auch mit Ei und Käse.

Zubereitung:

1. Die Pilze mit heißem Wasser übergießen und ca. 30 Minuten quellen lassen.

2. Den Knoblauch und den Ingwer abschälen und fein hacken.

3. Das Öl in einer großen Pfanne oder in einem Wok erhitzen und die Nudeln darin so lange braten, bis sie eine leicht braune Oberfläche bekommen. Den Knoblauch, den Ingwer, die abgeschütteten Pilze und das Gemüse zufügen und so lange braten, bis es gar ist. Das Gemüse sollte noch bissfest sein. Wenn Sie zu den gebratenen Nudeln Soße mögen, dann verwenden Sie doch das Einweichwasser der Pilze dazu.

4. Die gebratenen Nudeln mit Salz und Pfeffer abschmecken und mit Sojasoße servieren.

Gebratene Nudeln

Zutaten für 2 Personen:

gekochte Nudeln
20 g Butter
20 g Puderzucker
2 Eier
1 Zitrone
Aprikosen
Salz
Butter zum Ausfetten
2 EL Mandelsplitter

Wenn Sie nur noch wenig gegarte Nudeln haben, machen Sie doch einen leckeren Nachtisch daraus. Hier ein Rezept Nudeln mit Aprikosen, Sie können aber auch andere Früchte darin verarbeiten, ob frisch oder aus der Dose.

Zubereitung:

1. Die Eier trennen und das Eiweiß mit etwas Salz steif schlagen.

2. Die Butter mit dem Zucker und den Eigelben in einer Schüssel schaumig rühren. Die Schale von der Zitrone abreiben, die Zitrone auspressen und alles unter die Masse heben.

3. Die Aprikosen in kleine Stücke schneiden, mit den gekochten Nudeln und dem Eischnee unter die Eimasse ziehen.

4. Zwei geeignete feuerfeste Formen ausbuttern und die Nudel-Eimasse in die Formen füllen, die Mandelsplitter darüber streuen.

5. Im vorgeheizten Backofen ca. 20 Minuten bei 180° C backen.

6. Nach der Garzeit aus dem Ofen nehmen, mit frischen Früchten belegen und servieren.

Nudeln mit Aprikosen

Zutaten für 2 Personen:

300 g gekochte Nudeln
2 Zwiebeln
2 Tomaten
1 Zucchini
200 ml passierte Tomaten
150 g geriebener Käse
2 EL Majoran (frisch oder getrocknet)
Olivenöl
Zucker
Essig
Salz, Pfeffer
Butter zum Ausfetten

Größere Mengen von Nudelresten eignen sich besonders für einen Nudelauflauf. Für diesen Auflauf können Sie die verschiedensten Reste verwenden. Als Zutaten kommen Speck, Fleisch, Wurst, Mischgemüse, Zucchini, Tomaten, Pilze und so weiter infrage. Zur Bindung der Nudeln können Sie Käse oder eine Sahne-Eimischung verwenden.

Zubereitung:

1. Die Zwiebeln abpellen und fein hacken. Die Tomaten und die Zucchini waschen und in Scheiben schneiden.

2. Das Öl in einem Topf erhitzen, die Zwiebeln darin andünsten und mit den passierten Tomaten auffüllen. Die Tomatensoße mit Majoran, Zucker, Salz, Pfeffer und einem Schuss Essig abschmecken.

3. Eine ausgefettete Auflaufform mit einer Schicht Nudeln füllen, einen Teil der Tomatensoße darüber geben. Mit Tomaten- und Zucchinischeiben belegen, etwas Käse darüber streuen. Dann die zweite Schicht Nudeln und wieder die Tomatensoße, Tomaten, Zucchini und Käse darauf geben.

4. Im vorgeheizten Backofen bei 180° C ca. 40 Minuten backen.

Nudelauflauf

Zutaten für 4 Personen:

750 g Mehl
etwas Salz
lauwarmes Wasser
3 EL Öl
Sauerkraut
200 g geräucherter gewürfelter Speck
1 Zwiebel
Salz
Pfeffer

Für Sauerkrautreste bietet sich dieses Rezept an. Die Schupfnudeln sind sehr sättigend und Sie brauchen wirklich nur einen Rest Sauerkraut. Sie können die Schupfnudeln auch aus gegarten Kartoffelresten machen. Die Kartoffeln durch eine Presse drücken oder in einer Küchenmaschine zerkleinern. Aus der Kartoffelmasse, einem Ei und Mehl einen formbaren Teig herstellen. Daraus die Schupfnudeln zubereiten.

Zubereitung:

1. Aus Mehl, Salz und lauwarmem Wasser einen nicht zu weichen Teig herstellen. Den Teig etwas ruhen lassen und dann kleine Kugeln formen, aus denen Sie längliche Schupfnudeln rollen.

2. Die Schupfnudeln in reichlich Salzwasser ca. 15 Minuten kochen und dann abschütten.

3. Den Speck in kleine Würfel schneiden. Die Zwiebel abpellen und fein hacken.

4. Das Öl in einer Pfanne erhitzen, die abgetropften Schupfnudeln darin braten. Den Speck und die Zwiebel zugeben und mitbraten. Wenn alles schön braun ist, das Sauerkraut hinzufügen und unterrühren. Das Ganze mit Salz und Pfeffer abschmecken und servieren.

Schupfnudeln mit Kraut und Speck

Zutaten für 2 Personen:

400 g gekochter Reis vom Vortag
200 g Gemüse (z. B. Karotten, Frühlingszwiebeln, Brokkoli, Erbsen, Pilze, Paprikaschoten usw.)
1 Knoblauchzehe
2 EL Olivenöl
50 g Ingwer
Salz
Pfeffer

Ein Resteessen aus dem asiatischen Raum. Reis gehört dort zu den wichtigsten Grundnahrungsmitteln. Er wird immer frisch gekocht in großen Mengen zu jedem Essen gereicht. Gebratener Reis mit frischem Gemüse ist ein einfaches, schnelles Gericht. Das Wichtigste ist, dass das Gemüse nur kurz gebraten wird und noch knackig bleibt.

Zubereitung:

1. Das Gemüse putzen, küchenfertig machen und in kleine Stücke schneiden. Den Ingwer schälen und fein hacken. Die Knoblauchzehen abpellen und in kleine Stücke schneiden.

2. Das Öl in einer Pfanne erhitzen, den Knoblauch darin anbraten. Das Gemüse zufügen und so lange braten, bis es gar, aber noch bissfest ist. Den Reis unterrühren und so lange braten, bis er heiß ist. Das Ganze mit Salz und Pfeffer abschmecken.

Reis-Gemüsepfanne

Zutaten für 2 Personen:

400 g gekochter Reis vom Vortag
2 EL Rosinen
2 EL Crème fraîche
Für die Soße:
1 Zwiebel
2 Knoblauchzehen
1 EL Öl
1 Chilischote oder Chilipulver
3 EL schwarze Johannisbeermarmelade oder jede andere
Salz, Pfeffer

Reisbällchen mit heißer oder kalter Soße gehören in Indien zu jeder Mahlzeit. Die Reisbällchen lassen sich besonders gut formen, wenn der gekochte Reis bereits einen Tag alt ist.

Zubereitung:

1. Den Reis mit den Rosinen und der Crème fraîche vermischen und daraus ca. 4 cm dicke Bällchen formen.

2. Die Zwiebel und die Knoblauchzehen abpellen und fein hacken. Die Chilischote halbieren, die Kerne entfernen und die Schote in feine Streifen schneiden. Vorsicht: Chilischoten können im rohen Zustand sehr ätzend sein.

3. Das Öl in einem Topf erhitzen und Zwiebel und Knoblauch darin anbraten. Die Chili und die Marmelade zufügen und unter Rühren verflüssigen. Sollte die Soße zu dick sein, etwas Wasser zugeben. Die Soße mit Salz und Pfeffer abschmecken und mit den Reisbällchen servieren.

Reisbällchen mit süßscharfer Soße

Zutaten für 2 Personen:

500 g gekochte Kartoffeln
1 Zwiebel
20 g Schweineschmalz
etwas Mehl
250 ml Fleischbrühe
1 Lorbeerblatt
2 Gewürznelken
1 EL mittelscharfer Senf
3 EL Essig
1 EL Zucker
Salz, Pfeffer

Dass die Schwaben ein sparsames Volk sind, ist sicher hinlänglich bekannt. Warum etwas wegwerfen, wenn man daraus ein so leckeres Gericht machen kann wie dieses hier. Kartoffeln eignen sich besonders für eine Zweitverwertung.

Zubereitung:

1. Die gekochten Kartoffeln in Scheiben schneiden und auf einem Teller fächerförmig anrichten.

2. Die Zwiebel schälen und fein würfeln.

3. Das Schweineschmalz in einem Topf erhitzen, die Zwiebel darin anbraten, mit Mehl abstäuben und mit der Brühe aufgießen. Das Lorbeerblatt und die Nelken zugeben und die Soße ca. 10 Minuten köcheln. Das Lorbeerblatt und die Nelken entfernen, die Soße mit Senf, Essig, Salz, Pfeffer und Zucker abschmecken.

4. Die Kartoffeln mit der heißen Soße übergießen und servieren.

Saure Kartoffelrädle

Zutaten für 2 Personen:

500 g gekochte Kartoffeln
2 Zwiebeln
1 Knoblauchzehe
2 EL Butterschmalz
2 EL Tomatenmark
2 EL Paprikapulver edelsüß
3 EL Paprikapulver scharf
1 TL Majoran
Salz
Pfeffer

Eine leckere Alternative zu Bratkartoffeln. Sie können dieses Kartoffelgulasch auch mit Wurst, Speck oder Bratenresten verändern. Mit einem frischen Blattsalat serviert, ein schmackhaftes Kartoffelgericht.

Zubereitung:

1. Die Zwiebeln und die Knoblauchzehe abpellen und fein hacken. Die Kartoffeln in 2 cm große Würfel schneiden.

2. Das Schmalz erhitzen, die Zwiebeln und den Knoblauch darin anbraten. Mit Tomatenmark, Majoran und Paprikapulver verrühren, etwas Wasser zugeben, so dass eine dickliche Soße entsteht. Die Soße mit Salz und Pfeffer abschmecken.

3. Die Kartoffelwürfel vorsichtig unterrühren, heiß werden lassen und servieren.

Kartoffelgulasch

61

Zutaten für 5 Stück:

500 g Kartoffelpüree
70 g Mehl
3 EL Butterschmalz
4 Äpfel
1 EL Zucker
1 EL Butter

Braten und Soße sind längst aufgegessen, aber Kartoffelpüree ist noch jede Menge da. Machen Sie daraus Kartoffelpuffer. Am besten gelingen sie, wenn das Püree über Nacht gestanden hat. Als Beilage dazu schmecken Salat, Apfelmus oder wie im Rezept gedünstete Apfelstücke. Sollten Sie dieses Gericht für Erwachsene machen, dann löschen Sie die gebratenen Apfelstücke doch noch mit zwei Esslöffeln Calvados ab.

Zubereitung:

1. Das Kartoffelpüree mit dem Mehl verkneten.

2. Das Butterschmalz in einer Pfanne erhitzen. Aus dem Kartoffelteig handtellergroße Küchle formen und in das heiße Fett legen. Von beiden Seiten knusprig braten.

3. Die Äpfel waschen, vierteln, das Kerngehäuse entfernen und die Äpfel in Spalten schneiden.

4. Die Butter in einer anderen Pfanne zerlassen, den Zucker zugeben und so lange rühren, bis er geschmolzen ist. Die Apfelspalten in das Fett geben und ca. 5 Minuten braten. Die Äpfel mit den Kartoffelpuffern servieren.

Kartoffelpuffer

Zutaten für 2 Personen:

Kartoffelpüree
4 Karotten
1 kleine Zwiebel
1 EL Butter
Salz
Pfeffer

Hier eine besondere Variante einer Kartoffelsuppe: eine Suppe aus Kartoffelpüree. Durch das abgeschmeckte Kartoffelpüree bekommt die Suppe eine besondere Note. Sie können natürlich auch diese Suppe einfach aus gekochten Kartoffeln herstellen. Dann erwärmen Sie die Kartoffeln, geben sie kleiner geschnitten mit Brühe in einen Mixer und machen dann weiter wie unten im Rezept. Sie können die Karotten auch wahlweise durch anderes Gemüse ersetzen, wie zum Beispiel Erbsen, Blumenkohl, Brokkoli oder Lauch.

Zubereitung:

1. Die Zwiebel abpellen und fein hacken. Die Karotten schälen und in dünne Scheiben schneiden.

2. Die Butter erhitzen und die Zwiebel darin andünsten. Die Karottenscheiben zufügen, leicht anbraten und dann mit so viel Wasser aufgießen, dass sie bedeckt sind.

3. Wenn die Karotten gar sind, das Kartoffelpüree nach und nach einrühren. Die Suppe mit Salz und Pfeffer abschmecken und mit gerösteten Weißbrotwürfeln servieren.

Kartoffelsuppe mit Gemüse

Zutaten für 2 Personen:

übrig gebliebene Knödel
40 g Butter
100 ml süße Sahne
100 g geriebener Emmentaler
80 g Schinkenspeck

Knödel herzustellen ist immer ein etwas größerer Aufwand. Deswegen macht man wohl auch immer mehr, als man bei einer Mahlzeit essen kann. Hier ein Rezept, was Sie aus herzhaften Knödeln von gestern zaubern können.

Zubereitung:

1. Den Backofen auf 200° C vorheizen.

2. Eine Auflaufform mit der Hälfte der Butter ausstreichen. Die Knödel halbieren, mit der Schnittfläche nach unten in die Form legen.

3. Die restliche Butter schmelzen, mit der Sahne und dem Käse vermischen. Gleichmäßig über die Knödel verteilen und im Backofen ca. 15 Minuten backen. Nach etwa 10 Minuten die Speckstreifen auf die Knödel legen, mit Oberhitze überbacken.

Überbackene Speckknödel

Zutaten für 2 Personen:

4 übrig gebliebene Knödel
200 g Blutwurst oder Fleischwurst
2 EL Butter
1 Glas Mixed Pickles

Sie wissen sicherlich, dass noch einmal erhitzte Speisen einen intensiveren Geschmack bekommen. Das liegt daran, dass die einzelnen Komponenten Zeit haben, sich zu entfalten. Dann noch die Kombination des abgebratenen Knödels mit dem säuerlichen eingelegten Gemüse. Für dieses Gericht eignen sich besonders Semmel-, Kartoffel- und Serviettenknödel.

Zubereitung:

1. Die Knödel in mundgerechte Stücke schneiden. Von der Wurst die Pelle abziehen und die Wurst in Würfel schneiden.

2. Die Butter in einer Pfanne erhitzen, die Knödel und die Wurst darin anbraten.

3. Mit den Mixed Pickles zusammen servieren.

Abgebratene Knödel

Zutaten für 2 Personen:

übrig gebliebene Knödel
Salat (Rucola, Gurke oder andere grüne Salate)
50 ml Balsamicoessig
4 EL Olivenöl
4 Schalotten
2 EL gemischte Kräuter
2 EL brauner Zucker
Salz
Pfeffer

Knödel werden meistens aus einer Kartoffelmischung hergestellt, was liegt da näher, als sie wie Kartoffelsalat zu marinieren? Servieren Sie diese Knödel mit Rucola oder mit Gurkenscheiben.

Zubereitung:

1. Die Zwiebeln schälen und fein hacken.

2. Das Öl in einer Pfanne erhitzen und die Zwiebeln darin anbraten. Den Zucker zu den Zwiebeln geben und so lange rühren, bis er geschmolzen ist. Mit dem Balsamicoessig ablöschen, mit Salz und Pfeffer würzen. Die Kräuter einrühren.

3. Die Knödel in dünne Scheiben oder Streifen schneiden. Mit dem Rucola oder einem anderen Salat anrichten und die Marinade darüber geben.

Marinierte Knödel

Zutaten für 2 Personen:

2 Scheiben Braten oder
100 g Bratenreste
2 Eier
1 Karotte
½ Salatgurke
2 Blatt Gelatine
200 ml Fleischbrühe
50 ml Weißwein
3 EL Weißweinessig
Salz, Pfeffer

So ein richtig deftiger Schweinebraten ist was Leckeres! Und falls doch einmal etwas davon übrig bleiben sollte, hier ein Rezept für ein tolles Abendessen. Sie können natürlich jede Art von Braten dafür verwenden.

Zubereitung:

1. Die Eier hart kochen, abkühlen lassen, pellen und in Scheiben schneiden.

2. Die Karotte schälen, waschen und in dünne Scheiben schneiden. Die Karottenscheiben in kochendem Salzwasser 2 bis 3 Minuten garen und abgießen. Die Salatgurke in Scheiben schneiden.

3. Die Gelatine in kaltem Wasser einweichen. Die Brühe, den Wein und den Essig zusammen aufkochen. Mit Salz und Pfeffer würzen, vom Herd nehmen und etwas abkühlen lassen. Die Gelatine ausdrücken und in den heißen Sud rühren.

4. Die Bratenreste in die Teller geben, die Eischeiben, die Karotten und die Gurkenscheiben dekorativ dazulegen. Den Sud vorsichtig darüber gießen und kalt stellen.

Tellersülze

73

Zutaten für 2 Personen:

Bratenreste
1 Paprikaschote
1 Zucchini
1 Becher Crème fraîche
2 EL Tomatenketschup
Zucker
Salz
Pfeffer

Aus Bratenresten, die nicht mehr aus großen Scheiben bestehen, lässt sich ein interessanter Fleischsalat herstellen. Mit Zutaten wie Cayennepfeffer oder Sambal Oelek können Sie ihn so richtig feurig machen.

Zubereitung:

1. Den Braten in dünne Streifen schneiden. Die Paprikaschote waschen, halbieren, das Kerngehäuse entfernen und das Fruchtfleisch klein schneiden. Die Zucchini waschen und raspeln.

2. Aus der Crème fraîche und dem Tomatenketschup, Zucker, Salz und Pfeffer eine Soße herstellen.

3. Die Bratenstreifen, die Paprikastücke und die Zucchini mit der Soße vermischen und vor dem Servieren ca. 1 Stunde ziehen lassen.

Fleischsalat

Zutaten für 2 Personen:

Bratenreste
2 Zwiebeln
2 Knoblauchzehen
1 EL Öl
2 EL Mehl
200 ml Fleischbrühe
Salz
Pfeffer

Die deftige Variante des Frikassees. Hier wird kräftiger Braten von Rind, Schwein oder Lamm zu einem neuen Gericht verarbeitet. Dem Würzfleisch können Sie auch Gemüse wie z. B. Paprika, Karotten, Brokkoli und Selleriestücke hinzufügen. Als Beilage passen sehr gut Kartoffeln, Weißbrot oder auch Vollkornbrot.

Zubereitung:

1. Die Zwiebeln und die Knoblauchzehen abpellen und sehr fein hacken. Das Bratenfleisch in 1 cm große Stücke schneiden.

2. Öl in einem Topf erhitzen, die Zwiebeln und den Knoblauch darin anbraten. Das Fleisch zugeben und leicht anbräunen. Das Mehl darüber stäuben und mit der Fleischbrühe aufgießen. Das Ganze ca. 10 Minuten köcheln lassen.

3. Das Würzfleisch mit Salz und Pfeffer abschmecken.

Würzfleisch

Zutaten für 2 Personen:

Bratenreste
gekochte Kartoffeln (am besten vom Vortag)
2 Scheiben durchwachsener Speck
1 dicke Scheibe Blutwurst
3 Stangen Frühlingszwiebeln
2 EL Öl
Salz
Pfeffer

Ein richtig deftiges Essen und eine gute Möglichkeit, viele Dinge, die noch übrig sind, zu verwerten. Sie können die Frühlingszwiebeln auch durch einfache Zwiebeln ersetzen. Mit Ei vermischt schmeckt die Bauernpfanne ebenfalls sehr gut. Dazu passt ein frischer Salat.

Zubereitung:

1. Die Kartoffeln in Scheiben schneiden, den Speck würfeln. Die Frühlingszwiebeln waschen, putzen und in Ringe schneiden. Die Blutwurst in grobe Würfel teilen.

2. Das Öl in einer Pfanne erhitzen, den Speck und die Kartoffeln darin anbraten, bis alles knusprig braun ist.

3. Den in mundgerechte Stücke geschnittenen Braten, die Wurst und die Frühlingszwiebeln zufügen und kurz mitbraten. Das Ganze mit Salz und Pfeffer abschmecken.

Bauernpfanne

Zutaten für 2 Personen:

Geflügelfleischreste
Kirschen aus dem Glas
2 EL Majonäse
50 ml süße Sahne
1 TL mittelscharfer Senf
Worcestersoße
Salz
Pfeffer

Wer liebt sie nicht, die gebratene Ente oder Gans? Vor allem im Herbst und Winter oder an den großen Feiertagen im Jahr. Aber auch hier bleibt meistens viel Geflügelfleisch übrig. Gerade das kleine Fleisch, das man von den Knochen ablöst, eignet sich besonders für einen Geflügelsalat. Dem Salat können Sie mit den verschiedensten Früchten unterschiedliche Geschmacksnoten geben. Versuchen Sie auch mal Ananas, Mandarinen, Äpfel, Birnen.

Zubereitung:

1. Die Geflügelreste in Streifen schneiden. Die Kirschen abschütten, gegebenenfalls entsteinen und eventuell halbieren.

2. Aus der Majonäse, der Sahne und dem Senf eine Soße anrühren und mit Worcestersoße, Salz und Pfeffer abschmecken.

3. Das Geflügelfleisch und die Kirschen mit der Soße vermischen und vor dem Servieren ca. 1 Stunde ziehen lassen.

Geflügelsalat

Zutaten für 2 Personen:

ca. 200 g Geflügelfleischreste
2 EL Butter
2 EL Mehl
300 ml Hühnerbrühe
1 kleine Dose Champignons
1 kleines Glas Spargel
1 EL Essig
Zucker
Salz
Pfeffer

Aus größeren Stücken Geflügelfleischresten lässt sich leicht ein Frikassee herstellen. Sie können dazu jede Art von Geflügelfleisch verwenden, ganz gleich, ob Gans, Pute, Ente oder Huhn. Auch die anderen Zutaten können Sie durch Blumenkohl, andere Pilze oder durch grünen Spargel ersetzen. Frikassee schmeckt besonders gut zu Reis oder Zartweizen.

Zubereitung:

1. Das Geflügelfleisch in Stücke schneiden. Die Champignons abschütten, die Flüssigkeit auffangen und die Pilze in Scheiben schneiden. Den Spargel in Stücke schneiden.

2. Die Butter in einem Topf erhitzen, das Mehl darüber stäuben, unterrühren, mit Champignonflüssigkeit und Brühe ablöschen. Das Geflügelfleisch, die Champignons und die Spargelstücke in die Soße geben und einmal aufkochen.

3. Das Frikassee mit Zucker, Essig, Salz und Pfeffer abschmecken.

Geflügelfrikassee

Register

Bauernpfanne	78	Knödel, abgebratene	68
Blätterteigtaschen	34	Knödel, marinierte	70
Blumenkohl, überbackener	32	Nudelauflauf	50
Brotsuppe, herzhafte	22	Nudeln, gebratene	46
Brotsuppe mit Früchten	24	Nudeln mit Aprikosen	48
Fischsalat	42	Nudeln mit Lachssoße	44
Fleischsalat	74	Pfannkuchen mit Pilzen	36
Geflügelfrikassee	82	Reisbällchen mit süßscharfer Soße	56
Geflügelsalat	80	Reis-Gemüsepfanne	54
Gemüsequiche	38	Schupfnudeln mit Kraut und Speck	52
Gemüsecremesuppe	28	Soljanka	16
Gemüselaibchen	40	Spargelcremesuppe	30
Gemüsesoße	11	Speckknödel, überbackene	66
Gemüsesuppe	11	Tellersülze	72
Kartoffelgulasch	60	Weißbrotauflauf, herzhafter	26
Kartoffelpuffer	62	Weißbrotauflauf, süßer	20
Kartoffelpizza	18	Wurstsalat	14
Kartoffelrädle, saure	58	Würzfleisch	76
Kartoffelsuppe mit Gemüse	64		

© 2004 SAMMÜLLER KREATIV GmbH

Genehmigte Lizenzausgabe
EDITION XXL GmbH
Fränkisch-Crumbach 2004
www.edition-xxl.de

Küche und Fotos: G. Poggenpohl, Wismar
Foodstyling: Caterina Marx
Satz: Phat Tien Duong
Illustrationen: Corinna Panayi-Konrad
Titelillustration mit freundlicher Genehmigung der
Fa. Franz Tress GmbH & Co. KG, 72525 Münsingen

ISBN 3-89736-094-2

Der Inhalt dieses Buches ist von Autor und Verlag sorgfältig erwogen und geprüft.
Eine Haftung für Personen-, Sach- und/oder Vermögensschäden kann nicht übernommen werden.

Tress
Nudeln - Liebevoll wie hausgemacht!